INVENTAIRE
V 24571

V
2654
E.d.Sl.d

(Par Antoine Dupuis, avocat et artiste amateur d'après Barbier)

V 2654
Ed. 51d.
Ⓒ

24571

MÉMOIRE

EN FAVEUR

DES ARTISTES

Dont le Jury des Arts n'a pas admis les Ouvrages présentés au Salon d'Exposition en 1817.

Par M. A. D.

Lecteur impartial, lisez et jugez.

....

A PARIS,

Chez DELAUNAY, Libraire, Palais-Royal, Galeries de bois, N.° 243.

AVRIL 1817.

De l'Imp. de P. N. Rougeron, imprim. de S. A. S. Mad. la Duchesse
Douairière d'Orléans, rue de l'Hirondelle, N. 22.

MÉMOIRE

EN FAVEUR

DES ARTISTES

Dont le Jury des Arts n'a pas admis les Ouvrages présentés au Salon d'Exposition en 1817.

Ce Mémoire n'est point une apologie des productions indignes de l'exposition; ce n'est point une critique des opérations du jury : c'est un écrit dans lequel on examine si ces opérations s'accordent avec l'appel fait aux artistes par le Ministère de la Maison du Roi, et s'il est de l'intérêt des arts d'exposer ceux qui les cultivent au refus dont ils se plaignent aujourd'hui.

Le Ministère de la Maison du Roi a annoncé une exposition des ouvrages des artistes vivans : l'annonce porte qu'ils seront présentés avant le 8 d'Avril, et ne soumet les artistes à aucune autre formalité.

D'après cet appel, n'est-il pas naturel de

penser que toute production qui ne sera pas contraire aux mœurs, et qui ne sera pas essentiellement mauvaise sous les rapports de la composition, du dessin, du coloris et de l'exécution, sera admise ?

N'est-il pas naturel encore de croire que tout artiste qui a déjà reçu les honneurs de l'exposition, ne doit pas même craindre la honte d'un refus ?

Cependant il est de fait que le jury refuse une foule de productions qui, loin de déshonorer l'école, attestent au contraire ses progrès : il est de fait que plusieurs de ces productions sont dues à des peintres qui jouissent d'une réputation distinguée, qui ont exposé plusieurs années consécutives, qui ont obtenu des éloges flatteurs et l'insertion dans les annales du musée.

On a peine à concevoir quel motif peut porter le jury à une rigueur si déplacée ; serait-ce parce que les années précédentes la faveur aurait admis quelques productions médiocres ; faut-il pour cela être injuste aujourd'hui, et ne vouloir admettre que des chefs-d'œuvre ?

Cette rigueur n'est-elle pas contraire au but de l'exposition, qui est d'encourager les talens et de présenter aux Français et aux étrangers un échantillon des richesses nationales ?

Ces richesses ne se composent-elles que de chefs-d'œuvre, et le musée ne renferme-t-il pas dans son enceinte des tableaux qui sont aussi loin de Raphaël, que les productions refusées aujourd'hui peuvent l'être de celles qui sont admises ?

Si le but des expositions est d'encourager les arts, qui mérite mieux cet encouragement que les jeunes élèves qui s'empressent de répondre à l'appel du gouvernement, en offrant les efforts et les essais de leur génie ?

Si vous dites à l'artiste dont vous refusez les ouvrages, que son talent a baissé, et que ce qu'il présente aujourd'hui est indigne de ce qu'il a exposé autrefois, vous commettez une atrocité révoltante : faut-il abreuver d'humiliations celui dont tout le tort est de ne plus avoir la vigueur du jeune âge ? Parce que ma vue s'affaiblit, parce que ma main devient tremblante, parce que le génie qui m'inspira jadis m'abandonne un instant, faut-il me refuser l'entrée d'un salon où brillèrent mes ouvrages ? parce que je ne remporte plus des victoires, faut-il flétrir mes lauriers ?

Pouvez-vous sans injustice vous montrer difficiles envers l'artiste qui a déjà exposé ? n'a-t-il pas par ses expositions acquis des droits à l'indulgence du jury. Ce jury est-il inexorable, est-il enchaîné par le texte littéral d'une loi ? Les individus cités à son tribunal sont-ils des coupables indignes d'égards et de bienveillance ?

Si l'exposant se présente pour la première fois devant le sanctuaire des arts, faut-il lui en refuser l'entrée parce qu'il ne mérite pas encore de s'y asseoir au premier rang ? faut-il repousser l'élève qui vient se placer à côté de ses maîtres, non pour s'égaler à eux et partager leurs couronnes, mais pour s'échauffer au foyer de leur génie, associer ses efforts à leur gloire, en recevoir quelques reflets, et s'imposer par une association si flatteuse l'honneur de la mériter et de les surpasser un jour ?

Les artistes naissans ne doivent-ils pas être excités par les encouragemens les plus honorables ? la carrière des arts n'est-elle pas des plus épineuses ? Que de travaux, que de sacrifices s'impose celui qui y pose un pied téméraire, et pour prix de tant d'activité, de courage, de dévouement, on humiliera son amour-propre, cet amour-propre qui est son seul aiguillon, son seul appui dans un étude si longue, si pénible et si rebutante !...

Va donc maintenant, jeune élève, précipite-toi dans les ateliers, quitte tes parens, tes amis, ton épouse, ta patrie, tes plaisirs, pour te livrer à l'étude de l'antique et de la nature ; parcours les musées, les bibliothèques, cherche à grands frais des modèles, visite l'Italie, franchis la sommité des Alpes, promène-toi le long des fleuves, enfonce-toi dans les cavernes, expose-toi dans les déserts, brave l'intempérie des climats, supporte la chaleur du jour pour copier le soleil dans son éclat, devance l'aurore pour le surprendre à son lever, renonce aux douceurs du sommeil pour ravir à l'astre des nuits sa douce clarté; va, que rien ne t'arrête dans le sublime élan qui anime ton jeune cœur, une noble récompense t'attend au-delà de tes espérances : lorsque tu présenteras à tes concitoyens le fruit de tes veilles, un refus humiliant sera le prix, l'éloge, le salaire, l'honneur et l'encouragement que te décerneront tes juges, et ces juges sont tes maîtres ou tes collègues : ô honte ! ô désespoir !

Encore si ces juges motivaient leur refus, tu trouverais dans ces motifs une source d'instruction, tu te consolerais peut-être en connaissant la cause et la justice du jugement ; mais, non, il semble que pour rendre tes déplaisirs plus amers, on te laisse dans le cruel soupçon, que le refus qui t'afflige est peut-être le résultat d'une jalouse partialité, d'un sot orgueil ou d'une stupide ignorance.

Il me semble entendre une voix qui retentit dans les salles du musée et qui crie aux jurés, avec l'accent de l'indignation:

« Oubliez-vous que vos essais ont obtenu
» l'honneur que vous refusez à vos élèves,
» oubliez-vous que vous-mêmes avez encore
» besoin d'indulgence, oubliez-vous que
» ceux que vous condamnez aujourd'hui
« seront demain vos juges, et que s'ils
» emploient contre vous la sévérité dont
» vous leurs donnez l'exemple, l'opinion
» publique pourrait bien vous appliquer la
» peine que vous leur infligez aujourd'hui.

« Eh ! quel droit avez-vous d'être si
» difficiles ; l'autorité qui vous a placés
» vous a-t-elle d'avance dicté vos jugemens ?
» êtes-vous les échos de quelque génie mal-
» faisant qui, jaloux de la gloire à laquelle
» s'est élevée l'école française et des en-
» couragemens dont l'honore le monarque,
» veut en retarder la marche triomphante ?

» Est-ce pour nous consoler des pertes
» que nous avons éprouvées dans les arts,
» que vous nous dérobez les travaux des
» artistes : quel intérêt trouvez-vous à dé-
» courager une jeunesse qui brûle de s'il-
» lustrer, à mortifier des hommes d'un
» mérite reconnu, et à manquer ainsi de

» bienséance envers une foule de personnes
» appelées par le gouvernement à faire fleu-
» rir les arts, et qui répondent à cet appel
» par tout ce que le zèle et l'enthousiasme
» peuvent inspirer de nobles efforts, de
» travaux et d'études.

» Dans des circonstances difficiles, qui
» sont une suite inévitable des révolutions
» et des guerres, personne ne fait travailler
» les artistes ; leur existence est très-pré-
» caire, vous le savez, et vous avez la
» cruauté de leur enlever l'honneur d'une
» exposition qui est leur seule jouissance et
» leur seul espoir : ô honte ! ô inhumanité ».

Si c'est pour l'intérêt même des beaux arts que les jurés s'arment aujourd'hui d'une sévérité qu'ils n'ont point employée les années précédentes, nous ne nous amuserons pas à réfuter un semblable paradoxe, nous ne leur contesterons pas la police d'un salon dont on leur a confié l'administration ; et si les raisons que nous venons d'alléguer n'ont aucun empire sur leur esprit, il faudra bien nous soumettre à leurs décisions ; mais nous oserons leur dire que l'innovation qu'ils veulent introduire ne doit pas avoir un effet rétroactif, et que rien n'annonçait aux artistes que le Ministère de la Maison du Roi a appelés à exposer leurs ouvrages, que le jury userait cette année d'une nouvelle rigueur. Est-il bien loyal de les soumettre à des formalités auxquelles ils n'ont pas dû s'attendre, et de les exposer à des humiliations qu'ils n'ont pu prévoir?

Et quelle misérable raison laisse-t-on circuler pour justifier un pareil procédé? que l'emplacement manque pour l'exposition, comme si l'espace pouvait manquer à un gouvernement, comme si les alliés avaient, avec quelques-uns de nos chefs-d'œuvre, enlevé une portion du local qui les renfermait : mais quand cela serait encore, n'y avait-il pas un moyen d'accorder les égards dus aux talens avec la petitesse du local, en invitant chaque exposant à ne présenter qu'un seul tableau ; par ce moyen le but de l'administration était rempli, et l'honneur des artistes ne souffrait aucune atteinte.

Et quel temps choisit-on pour leur faire de la peine, celui précisément où, au lieu d'éprouver des affronts, ils devraient recevoir des bienfaits et des encouragemens. Ignorez-vous donc, jurés imprudens, ce que coûte le tableau que vous renvoyez si légèrement ? Si l'artiste eût prévu vos difficultés, il ne l'eût pas entrepris ; votre refus va le priver des moyens dont il espérait peut-être soulager les auteurs de ses jours, payer ses maîtres, ses modèles; vous enlevez peut-être un homme de génie à la France, un secours à des malheureux, un chef-d'œuvre au domaine des arts, et cela sans aucun profit ni pour le gouvernement, ni pour le public, ni pour vous !

Je vais plus loin, et je soutiens qu'il est de l'intérêt des beaux arts d'admettre à l'exposition les essais des élèves, afin qu'ils puissent les comparer à ceux de leurs maîtres : cette comparaison, dont vous ne contesterez pas l'utilité, est infiniment plus avantageuse lorsqu'elle peut se faire dans le même local et du même coup-d'œil.

Les amateurs verront toujours avec plaisir réunis dans la même enceinte les chefs-d'œuvre des grands peintres, ceux des artistes qui marchent sur leurs traces, et les essais des élèves qui cherchent à les rivaliser: c'est ainsi qu'un général adroit se plaît à associer dans une revue les vieux soldats couverts de lauriers avec les jeunes militaires que la gloire anime ; il place les héros avec ceux qui le seront un jour, et par cet ensemble majestueux fait briller la puissance du monarque et la valeur de la nation.

Si l'école française a fait des progrès si rapides, si le concours décennal a offert à l'Europe étonnée une foule de chefs-d'œuvre, nous les devons aux expositions publiques; et l'on veut les abolir ou les restreindre à quelques artistes privilégiés. Que produira ce changement ? Puissent mes craintes ne pas se réaliser, mais je prévois la décadence de l'art et du bon goût, je vois d'un côté ces mêmes artistes privilégiés se reposer et s'endormir sur leurs lauriers, ne voyant plus de rivaux prêts à les leur disputer; de l'autre je vois les élèves découragés, humiliés, briser leurs palettes, et se lasser d'une étude qui, au lieu de gloire ou d'applaudissemens, ne leur a valu que des humiliations.

Dès-lors plus de concours, plus d'émulation, plus de progrès : qui avertira désormais les élèves de leurs fautes, et sur quels tableaux s'exercera la critique, si vous n'admettez que des chefs-d'œuvre.

Quand je réfléchis aux inconvéniens de cette innovation, je suis tenté de croire pour l'honneur de ceux qui l'ont proposée, qu'elle est l'effet d'un moment d'humeur et non le résultat d'une délibération réfléchie.

Si je compare l'école actuelle à ce qu'elle était avant la révolution, et si je cherche les causes d'une différence si frappante, je crois en découvrir trois : la présence des chefs-d'œuvre conquis en Italie, les encouragemens donnés par la nation, et le privilège accordé aux artistes d'exposer leurs ouvrages. Ceux qui pensent que l'amour de la gloire peut seul enfanter de grandes choses conviendront, que des trois causes que je viens d'énoncer, la dernière a le plus contribué aux progrès de l'école; alors, animé d'une sainte colère, je m'adresse aux jurés, au directeur du musée, à tous ceux enfin qui veulent limiter les expositions, et je

leur dis : « Vandales, vous êtes donc jaloux
» de la gloire de l'école française ; vous
» voulez donc nous ramener à ces temps
» barbares, où les professeurs de l'académie
» substituaient aux nobles grâces de l'anti-
» que les grâces minaudières des boudoirs,
» il ne vous reste plus qu'à aller sur le Pont
» au Change déterrer les Boucher, et les
» reporter en pompe au salon ; donnez-nous
» cette satisfaction, lorsque vous l'aurez
» ainsi profané, nous nous féliciterons de ne
» plus y être admis ».

Artistes de toutes les écoles, qui lisez ce mémoire, si vos ouvrages sont reçus, pouvez-vous sans regret jouir d'un honneur refusé à vos élèves ou à vos collègues ; vous rougiriez de leur humiliation. Artistes dont on renvoie les productions, gardez-vous d'être trop sensibles à un refus qui n'enlève rien à votre talent, adressez des réclamations respectueuses à ce même Ministère, qui vous a appelés au sanctuaire des arts ; intéressez à votre cause le Souverain éclairé qui les protège. Mais si, contre votre attente, vous n'êtes point écoutés, loin de vous laisser abattre par ce revers, redoublez de zèle et d'efforts; qu'un beau désespoir vous ranime, qu'une nouvelle palette, que d'autres pinceaux secondent mieux votre génie : forcez par de nouvelles tentatives vos juges à réparer le tort qu'ils vous font, et le public à vous continuer une estime qu'il ne vous a point retirée.

Je me résume, je conclus que l'innovation qu'on veut introduire est contraire aux progrès de l'art, qu'elle est un outrage fait aux artistes qui ont précédemment exposé, qu'elle est impolitique, qu'elle ne tend qu'à détruire l'émulation, décourager les élèves, rétablir une institution vicieuse, des privilèges odieux, éteindre le bon goût et ramener la décadence de l'école.

A moins que cet écrit ne soit victorieusement réfuté, il ne reste au jury qu'un moyen de justifier ses jugemens, c'est de demander que les tableaux refusés soient exposés dans un salon à part, afin que le public, seul juge en dernier ressort, puisse décider.

FIN.

www.ingramcontent.com/pod-product-compliance
Lightning Source LLC
Chambersburg PA
CBHW050040230526
45470CB00003B/1368